Laurence Luminastro
Illustré par Line Pauvert

ASTRO PRATIQUE

Le lotus & l'éléphant

Sommaire

LES MODES

LES PLANÈTES PERSONNELLES EN SIGNE

ASTRO PRATIQUE

INTRODUCTION

Ce livre vous présente les principaux éléments que l'on peut retrouver dans un thème astral et qui sont étudiés en astrologie.

Vous ne savez plus quelle énergie habite le signe du Taureau, à quoi correspond la maison 3, quelle fonction représente Saturne ou encore que veut dire un aspect de carré entre des planètes ? Dans ce livre, vous retrouverez l'essentiel de ces notions pour pouvoir vous repérer dans le monde céleste.

✶ LES SIGNES ✶
DU ZODIAQUE

♈

LE BÉLIER

ÉLÉMENT : **FEU**
PLANÈTE MAÎTRESSE : **MARS**

Période
- 21 mars – 20 avril
- Début du printemps

Énergies véhiculées
- Propulsion
- Initiative
- Jaillissement

Qualités
- Courage
- Vitalité
- Insuffle le feu de la vie

Défauts
- Agressivité
- Impulsivité
- Hyperactivité
- Égocentrisme

Mode
Cardinal

Action
Propulse et dynamise

Archétypes
- Le leader
- Le fougueux
- Le casse-cou
- Le battant
- Le justicier

♉

LE TAUREAU

ÉLÉMENT : **TERRE**
PLANÈTE MAÎTRESSE : **VÉNUS**

Période
- 21 avril – 20 mai
- Milieu du printemps

Énergies véhiculées
- Matérialité
- Force créatrice
- Productivité

Qualités
- Endurance
- Persévérance
- Révèle la beauté de la matière
- Pragmatisme

Défauts
- Entêtement
- Immobilisme
- Possessivité
- Matérialisme

Mode
Fixe

Action
Matérialise et apporte une dimension sensuelle

Archétypes
- Le producteur terrien
- Le travailleur
- Le manuel
- Le capitaliste
- Le nourricier

LES GÉMEAUX

ÉLÉMENT : **AIR**
PLANÈTE MAÎTRESSE : **MERCURE**

Période
- 21 mai – 21 juin
- Fin du printemps

Énergies véhiculées
- Communication
- Mental affûté
- Que la parole soit

Qualités
- Adaptabilité
- Curiosité
- Habileté
- Esprit Vif

Défauts
- Superficialité
- Mensonge
- Instabilité
- Nervosité
- Éparpillement

Mode
Mutable

Action
Verbalise et pollinise

Archétypes
- Le communicant
- L'orateur
- Le rusé
- Le créateur de liens
- Le volubile

♋

LE CANCER

ÉLÉMENT : **EAU**
PLANÈTE MAÎTRESSE : **LUNE**

Période
- 22 juin – 22 juillet
- Début de l'été

Énergies véhiculées
- Fécondation
- Recentrage
- Intériorité

Qualités
- Accueil
- À l'écoute des besoins
- Sensibilité
- Douceur

Défauts
- Immaturité
- Narcissisme
- Émotivité
- Vulnérabilité

Mode
Cardinal

Action
Ressent et intériorise

Archétypes
- Le rêveur
- La mère
- L'enfant
- Le nostalgique

♌

LE LION

ÉLÉMENT : **FEU**
PLANÈTE MAÎTRESSE : **SOLEIL**

Période
- 23 juillet – 22 août
- Milieu de l'été

Énergies véhiculées
- Force rayonnante
- Créativité
- Réalisation de soi

Qualités
- Générosité
- Confiance en soi
- Loyauté

Défauts
- Égocentrisme
- Suffisance
- Orgueil
- Vanité

Mode
Fixe

Action
Rayonne et s'affirme

Archétypes
- L'acteur
- L'artiste
- Le héros
- Le roi
- Le brillant

♍

LA VIERGE

ÉLÉMENT : **TERRE**
PLANÈTE MAÎTRESSE : **MERCURE**

Période
- 23 août – 22 septembre
- Fin de l'été

Énergies véhiculées
- Service
- Humilité
- Purification

Qualités
- Dévouement
- Discernement
- Serviabilité
- Organisation

Défauts
- Doute
- Dévalorisation
- Soumission
- Perfectionnisme
- Critique

Mode
Mutable

Action
Rationalise et purifie

Archétypes
- La dévouée
- L'analyste
- La purificatrice

LA BALANCE

ÉLÉMENT : **AIR**
PLANÈTE MAÎTRESSE : **VÉNUS**

Période
- 23 septembre – 22 octobre
- Début de l'automne

Énergies véhiculées
- Équilibre
- Relation
- Justice

Qualités
- Écoute
- Conciliation
- Sens artistique
- Diplomatie

Défauts
- Indécision
- Superficialité
- Mondainité

Mode
Cardinal

Action
Harmonise et pacifie

Archétypes
- La pacificatrice
- L'amoureuse
- La mondaine

♏

LE SCORPION

ÉLÉMENT : **EAU**
PLANÈTES MAÎTRESSES : **MARS ET PLUTON**

Période
- 23 octobre – 22 novembre
- Milieu de l'automne

Énergies véhiculées
- Fusion
- Profondeur
- Magnétisme

Qualités
- Ténacité
- Combativité
- Franchise
- Capacité de métamorphose

Défauts
- Volonté de contrôle
- Manipulation
- Méfiance
- Obsession
- Avide de pouvoir

Mode
Fixe

Action
Intensifie et fusionne

Archétypes
- Le magicien
- Le détective
- Le psychologue
- Le sexologue
- Le manipulateur de l'ombre

LE SAGITTAIRE

ÉLÉMENT : **FEU**
PLANÈTE MAÎTRESSE : **JUPITER**

Période
- 23 novembre – 21 décembre
- Fin de l'automne

Énergies véhiculées
- Foi
- Optimisme
- Expansion

Qualités
- Jovialité
- Convivialité
- Révèle le sens des choses

Défauts
- Dogmatisme
- Exagération
- Moralisateur

Mode
Mutable

Action
Optimise et idéalise

Archétypes
- Le voyageur
- Le spirituel
- Le porte-flambeau
- Le guide
- Le philosophe
- L'enseignant

♑

LE CAPRICORNE

ÉLÉMENT : **TERRE**
PLANÈTE MAÎTRESSE : **SATURNE**

Période
- 22 décembre – 20 janvier
- Début de l'hiver

Énergies véhiculées
- Responsabilité
- Verticalité
- Sagesse

Qualités
- Lâcher-prise
- Autonomie
- Maturité
- Simplicité

Défauts
- Autoritarisme
- Rigidité
- Ambition démesurée
- Austérité

Mode
Cardinal

Action
Responsabilise et structure

Archétypes
- Le yogi
- L'homme d'affaires
- L'architecte
- L'ermite
- L'ambitieux

LE VERSEAU

ÉLÉMENT : **AIR**
PLANÈTES MAÎTRESSES : **SATURNE ET URANUS**

Période
- 21 janvier – 19 février
- Milieu de l'hiver

Énergies véhiculées
- Liberté
- Originalité
- Fraternité

Qualités
- Humanisme
- Visionnaire
- Éveil les consciences

Défauts
- Froideur
- Marginalité
- Révolte

Mode
Fixe

Action
Individualise et fraternise

Archétypes
- L'original
- Le militant
- L'émancipateur
- Le révolutionnaire
- Le génie excentrique

♓

LES POISSONS

ÉLÉMENT : **EAU**
PLANÈTES MAÎTRESSES : **JUPITER ET NEPTUNE**

Période
- 20 février – 20 mars
- Fin de l'hiver

Énergies véhiculées
- Universalisme
- Compassion
- Réceptivité

Qualités
- Sensibilité
- Compassion
- Dévouement
- Sens de l'accueil inconditionnel

Défauts
- Malléabilité
- Confusion
- Oubli de soi

Mode
Mutable

Action
Accueille et universalise

Archétypes
- Le mystique
- Le rêveur
- Le poète
- Le clairvoyant
- Le médecin des âmes

* LES LUMINAIRES *
ET LES PLANÈTES

	QUALITÉ OPTIMALE, L'ÉNERGIE DE CETTE PLANÈTE EST PLUS ACTIVE DANS CE SIGNE	QUALITÉ MINIMALE, L'ÉNERGIE DE CETTE PLANÈTE DANS CE SIGNE EST MOINS ACTIVE
PLANÈTES	**DOMICILE**	**EXIL**
SOLEIL	LION	VERSEAU
LUNE	CANCER	CAPRICORNE
MERCURE	GÉMEAUX-VIERGE	SAGITTAIRE-POISSONS
VÉNUS	TAUREAU-BALANCE	SCORPION-BÉLIER
MARS	BÉLIER -SCORPION	BALANCE-TAUREAU
JUPITER	SAGITTAIRE-POISSONS	GÉMEAUX-VIERGE
SATURNE	CAPRICORNE-VERSEAU	CANCER-LION
URANUS	VERSEAU	LION
NEPTUNE	POISSONS	VIERGE
PLUTON	SCORPION	TAUREAU

MONTE EN PUISSANCE ET ACTIVE LE POTENTIEL D'ÉNERGIE CONTENU DANS LE SIGNE	DIMINUE PROGRESSIVEMENT SON CHAMP D'ACTION, NE JOUE PLUS LE RÔLE DE DÉVELOPPEUR COMME EN EXALTATION MAIS NE CONTRARIE PAS POUR AUTANT LE PASSAGE À L'ACTION	ASPIRATION PROFONDE DU SIGNE À RESSENTIR L'ÉNERGIE DE CETTE PLANÈTE ET À SE METTRE EN HARMONIE AVEC ELLE
EXALTATION	**CHUTE**	**ÉSOTÉRIQUE**
BÉLIER	BALANCE	LION
TAUREAU	SCORPION	VIERGE
VERSEAU	POISSONS	BÉLIER
POISSONS	VIERGE	GÉMEAUX
CAPRICORNE	CANCER	SCORPION
CANCER	CAPRICORNE	VERSEAU
BALANCE	BÉLIER	CAPRICORNE
SCORPION	TAUREAU	BALANCE
LION	VERSEAU	CANCER
BÉLIER	BALANCE	POISSONS

SOLEIL

ÉLÉMENT DE PRÉDILECTION : **FEU**
SIGNE MAÎTRISÉ : **LION**

Révolution zodiacale
365 jours

Énergies véhiculées
- Vitalité
- Rayonnement
- Expression de soi

Vécu positivement
- Confiance
- Créativité
- Extériorisation de sa certitude intérieure

Vécu négativement
- Manque de confiance
- Ego à l'excès
- Manque de vitalité

Luminaire
Impact personnel

Fonction
- Conscience de soi
- Générateur de créativité

Principe
Masculin

Archétype
Le père en tant qu'homme

Son expression
Capacité individuelle à rayonner, à exprimer son individualité, sa créativité et à être conscient de sa propre lumière.

LUNE

ÉLÉMENT DE PRÉDILECTION : **EAU**
SIGNE MAÎTRISÉ : **CANCER**

Révolution zodiacale
28 jours

Énergies véhiculées
- Intériorité
- Fécondité
- Réactivité instinctive
- Besoins sécuritaires

Vécu positivement
- Écoute des besoins
- Sensibilité réceptive
- Émotion canalisée

Vécu négativement
- Sensiblerie
- Vulnérabilité
- Dépendance affective
- Instabilité émotionnelle

Luminaire
Impact personnel

Fonction
- Personnalité intime
- Besoins émotionnels
- Mère intérieure

Principe
Féminin

Archétype
La mère

Son expression
Capacité à ressentir ses émotions, à répondre à ses besoins primaires et à se sécuriser.

☿

MERCURE

ÉLÉMENTS DE PRÉDILECTION : **AIR ET TERRE**
SIGNES MAÎTRISÉS : **GÉMEAUX ET VIERGE**

Révolution zodiacale
88 jours

Énergies véhiculées
- Communication
- Compréhension
- Raisonnement
- Questionnement

Vécu positivement
- Créateur de lien
- Discernement
- Clarté mentale

Vécu négativement
- Opportunisme
- Bavardage
- Confusion mentale
- Nervosité mentale
- Langage bloqué

Planète individuelle
Impact personnel

Fonction
- Mental
- Réflexion
- Pensée
- Parole

Principe
Analytique

Archétype
- L'adolescent
- Le frère

Son expression
Capacité individuelle intellectuelle à créer du lien, à apprendre et à communiquer.

♀

VÉNUS

ÉLÉMENTS DE PRÉDILECTION : **TERRE ET AIR**
SIGNES MAÎTRISÉS : **TAUREAU ET BALANCE**

Révolution zodiacale
225 jours

Énergies véhiculées
- Relationnel
- Valeurs
- Créativité
- Attraction

Vécu positivement
- Joie sans cause
- Don d'amour
- Ouverture du cœur

Vécu négativement
- Superficialité
- Séduction
- Dépendance relationnelle
- Déséquilibre affectif

Planète individuelle
Impact personnel

Fonction
- Intelligence du cœur
- Ce qu'on aime
- Mise en relation
- Harmonisation

Principe
Émanation

Archétype
- La femme, l'amante
- L'amoureuse
- La sœur

Son expression
Capacité individuelle relationnelle et capacité à exprimer l'amour que nous portons dans notre cœur.

♂

MARS

ÉLÉMENT DE PRÉDILECTION : **FEU**
SIGNES MAÎTRISÉS : **BÉLIER ET SCORPION**

Révolution zodiacale
687 jours

Énergies véhiculées
- Dynamisme
- Impulsion
- Mouvement
- Courage
- Libido

Vécu positivement
- Acte relié au cœur
- Engagement franc
- Action canalisée

Vécu négativement
- Impulsivité réactive
- Acte maladroit
- Élan bloqué
- Colère

Planète individuelle
Impact personnel

Fonction
- Action
- Défense de notre territoire
- Conquête

Principe
Désir

Archétype
- L'homme, l'amant
- L'amoureux
- Le guerrier

Son expression
Capacité individuelle à poser nos actes, à prendre des initiatives et à désirer.

JUPITER

ÉLÉMENT DE PRÉDILECTION : **FEU**
SIGNES MAÎTRISÉS : **SAGITTAIRE ET POISSONS**

Révolution zodiacale
12 ans

Énergies véhiculées
- Chance
- Foi
- Jovialité
- Connaissance des lois
- Abondance

Vécu positivement
- Don de générosité
- Sens du collectif
- Bonne étoile

Vécu négativement
- Exagération
- Folie des grandeurs
- Prendre trop d'espace

Planète collective
Impact social

Fonction
- Intégration
- Partage
- Protection
- Rassembler

Principe
Expansion

Archétypes
- Le guide
- Le protecteur
- Le chef d'entreprise
- L'oncle

Son expression
Capacité sociale à s'intégrer, à partager et à créer l'abondance.

ħ

SATURNE

ÉLÉMENT DE PRÉDILECTION : **TERRE**
SIGNES MAÎTRISÉS : **CAPRICORNE ET VERSEAU**

Révolution zodiacale
29 ans

Énergies véhiculées
- Discipline
- Rigueur
- Contrôle
- Lâcher-prise

Vécu positivement
- Sagesse
- Potentiel de maîtrise
- Autonomie responsable

Vécu négativement
- Frustration
- Manque
- Peur
- Frein
- Cristallisation

Planète collective
Impact social

Fonction
- Responsabilisation
- Structuration

Principe
Limitation et réalité

Archétype
- Le père intérieur
- Le père éducateur
- Le grand-père
- Le censeur
- Le moralisateur

Son expression
Capacité sociale à se sentir responsable et à faire preuve de sagesse.

URANUS

ÉLÉMENT DE PRÉDILECTION : **AIR**
SIGNE MAÎTRISÉ : **VERSEAU**

Révolution zodiacale
84 ans

Énergies véhiculées
- Indépendance
- Originalité
- Éveil de conscience
- Innovation
- Mental supérieur

Vécu positivement
- Déconditionnement
- Humour libérateur
- Expression originale

Vécu négativement
- Insatisfaction
- Révolte
- Coup d'éclat
- Imprévisibilité

Planète transpersonnelle
Impact au-delà de la personne

Fonction
- Bouleverser
- Libérer

Principe
Émancipation

Archétype
- L'inventeur
- Le visionnaire
- Le génie
- L'iconoclaste

Son expression
Capacité transpersonnelle à s'émanciper et à bouleverser nos principes.

NEPTUNE

ÉLÉMENT DE PRÉDILECTION : **EAU**
SIGNE MAÎTRISÉ : **POISSONS**

Révolution zodiacale
165 ans

Énergies véhiculées
- Compassion
- Transcendance
- Illusion
- Dissolution

Vécu positivement
- Idéalisme
- Ouverture du cœur
- Contact médiumnique

Vécu négativement
- Mythe du sauveur
- Fuite du réel
- Confusion
- Désillusion

Planète transpersonnelle
Impact au-delà de la personne

Fonction
- Connexion à l'amour inconditionnel
- Ouverture du cœur

Principe
Dissolution

Archétype
- Le poète
- Le mystique
- Le rêveur

Son expression
Capacité transpersonnelle à dissoudre l'ego et à se relier à l'amour universel.

PLUTON

ÉLÉMENT DE PRÉDILECTION : **EAU**
SIGNE MAÎTRISÉ : **SCORPION**

Révolution zodiacale
248 ans

Énergies véhiculées
- Puissance
- Pouvoir
- Magie
- Innovation

Vécu positivement
- Renaissance
- Métamorphose
- Régénération

Vécu négativement
- Obsession
- Effondrement
- Fanatisme
- Manipulation

Planète transpersonnelle
Impact au-delà de la personne

Fonction
- Calciner
- Transformer
- Destruction des formes

Principe
Résurrection

Archétype
- Le phénix
- Le magicien
- Le sorcier
- Le businessman

Son expression
Capacité transpersonnelle à se plonger dans les profondeurs pour renaître.

XII

* LES MAISONS * ASTROLOGIQUES

REPÉRAGE DES MAISONS DANS LE THÈME ASTRAL

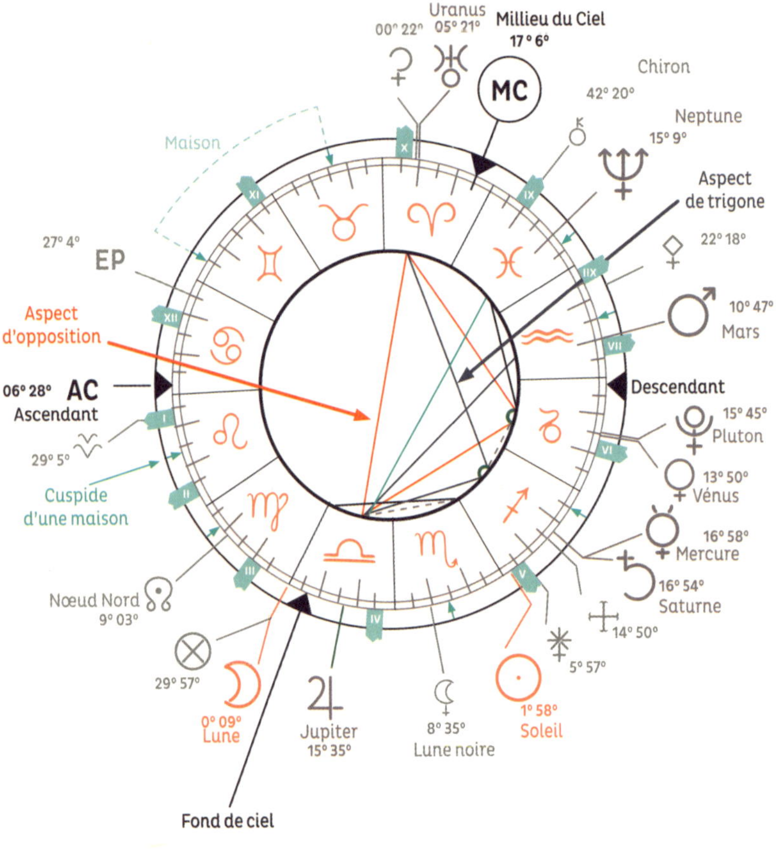

CHAMPS D'EXPÉRIENCE ET CHEMINEMENTS
Maison I - J'expérimente mon identité et découvre qui je suis
Maison II -J'expérimente mes ressources et découvre mes dons
Maison III -J'expérimente ma curiosité, mon entourage, et découvre ma capacité de communication
Maison IV -J'expérimente mes racines, mon ressenti et découvre mes fondements
Maison V -J'expérimente mes passions et découvre ma créativité
Maison VI -J'expérimente mon quotidien et découvre comment l'améliorer
Maison VII -J'expérimente la relation et découvre le contact avec l'autre
Maison VIII -J'expérimente l'ombre de l'autre et découvre ma puissance de transformation
Maison IX -J'expérimente l'élargissement de mes horizons et découvre ma spiritualité
Maison X -J'expérimente la vie en société et découvre mon positionnement social
Maison XI -J'expérimente la vie de groupe et l'amitié, et découvre ma fraternité
Maison XII -J'expérimente la vie en retrait et découvre ma connexion à l'Univers

I

ASCENDANT - ÊTRE

MAISON 1 : ASCENDANT

MAISON QUI DÉBUTE LA ROUE, SON SIGNE EST CELUI DE NOTRE ASCENDANT

Sa question
Qui sommes-nous ?

Expérience contactée
- Construction identitaire
- Lieu de l'acquisition de l'autonomie

Mots-clés
- Naissance
- Identité
- Conditionnement éducatif
- Individualité
- Découverte du moi

Position
Angulaire

Son signe
Qualité d'énergie qu'on cherche à découvrir pour se trouver et naître en conscience.

II

AVOIR

MAISON 2

Sa question
Comment découvrir nos dons, trouver nos ressources pour nous déployer ?

Expérience contactée
Contact avec nos valeurs, notre corps, nos dons pour vivre une vie incarnée.

Mots-clés
- Sécurité matérielle
- Argent
- Patrimoine
- Alimentation
- Objets possédés
- Compétences ancestrales
- Talents
- Richesses innées
- Gains et pertes
- Valorisation du moi

Position
Succédente

Son signe
Attitude que l'on va avoir vis-à-vis de nos possessions et de l'utilisation de nos ressources.

III

APPRENDRE

MAISON 3

Sa question
Comment découvrir notre environnement proche, communiquer et créer du lien autour de nous ?

Expérience contactée
Découverte de nos capacités de communication, d'apprentissage et de notre curiosité intellectuelle.

Mots-clés
- Communication
- Apprentissage
- Environnement proche
- Petits déplacements
- Petites études
- Fratrie
- Cousins
- Voisins
- Expression du moi

Position
Cadente

Son signe
Qualité d'énergie utilisée pour communiquer, apprendre, créer du lien avec nos proches et transmettre l'information.

IV

FOND DU CIEL – SE RECENTRER

MAISON 4 : FOND DU CIEL

Sa question
Comment découvrir notre centre, nos fondations, nos racines ?

Expérience contactée
- Découverte de notre foyer intérieur, parental et conjugal.
- Construction de nos fondations.

Mots-clés
- Racines familiales
- Centre
- Foyer
- Socle
- Retour à soi
- Patrie
- Ancrage
- Maison du père
- Intériorisation du moi

Position
Angulaire

Son signe
Qualité d'énergie utilisée pour renforcer nos racines et notre stabilité intérieure, et nous connecter à notre foyer.

V

S’AFFIRMER

MAISON 5

Sa question
Comment allons-nous exprimer qui nous sommes, notre créativité et vivre nos amours ?

Expérience contactée
Découverte de notre créativité, nos rapports amoureux, notre relation avec nos enfants.

Mots-clés
- Créativité
- Enfants
- Jeu
- Joie
- Récréation
- Plaisirs de la vie
- Amours
- Extériorisation du moi

Position
Succédente

Son signe
Qualité d'énergie utilisée pour nous affirmer, vivre nos relations amoureuses, faire naître notre créativité.

VI

S'AMÉLIORER

MAISON 6

Sa question
Comment allons-nous organiser notre quotidien, l'améliorer et nous remettre en question ?

Expérience contactée
- Découverte de notre capacité à nous améliorer, à nous mettre au service des autres.
- Perfectionnement de nos compétences.

Mots-clés
- Petit bilan
- Quotidien
- Perfectionnement
- Santé
- Travail
- Collègues
- Service
- Amélioration du moi

Position
Cadente

Son signe
Qualité d'énergie utilisée pour nous améliorer, pour gérer notre quotidien et notre attitude vis-à-vis de nos somatisations.

VII

SE RELIER

MAISON 7 : DESCENDANT

Sa question
Comment allons-nous entrer en relation avec le monde, nous projeter avec l'autre ?

Expérience contactée
- Découverte de l'autre, de l'altérité, du mariage.
- Officialisation de la relation à deux.

Mots-clés
- Relationnel
- Couple
- Association
- Altérité
- Contrat
- Procès
- Mise en relation du moi

Position
Angulaire

Son signe
Qualité d'énergie utilisée pour œuvrer dans nos relations avec l'autre, dans le couple et/ou nos associations, type d'énergie recherchée chez l'autre.

VIII

PARTAGER

MAISON 8

Sa question
Comment allons-nous coproduire avec l'autre, approfondir notre relation et vivre le partage ?

Expérience contactée
- Approfondissement de notre relation avec l'autre et gestion de nos ressources communes.
- Découverte de l'ombre de l'autre et de l'envers du décor dans la relation.

Mots-clés
- Affaires
- Argent - Héritage
- Jeux de pouvoir
- Mort - Renaissance
- Fusion
- Bagages transgénérationnels
- Sexualité
- Transmutation du moi

Position
Succédente

Son signe
Qualité d'énergie utilisée pour descendre dans les profondeurs du relationnel à l'autre, pour nous transformer et faire face aux crises.

IX

ÉLARGIR

MAISON 9

Sa question
Comment allons-nous ouvrir notre conscience et élargir notre vision ?

Expérience contactée
• Élargissement de notre champ de vision.
• Quête de notre idéal, découverte du sens de la vie.

Mots-clés
• Grandes études
• Spiritualité - Foi
• Voyages lointains
• Cultures étrangères
• Religion
• Philosophie
• Abstraction
• Croyances et certitudes
• Expansion du moi

Position
Cadente

Son signe
Qualité d'énergie utilisée pour développer notre conscience et nous ouvrir à la spiritualité.

X

MILIEU DU CIEL - PARTICIPER

MAISON 10 : MILIEU DU CIEL

Sa question

Comment allons-nous nous positionner socialement et œuvrer dans le monde ?

Expérience contactée

- Établissement de notre carrière professionnelle.
- Assouvissement de nos ambitions.
- Réalisation de notre vocation.

Mots-clés

- Vie publique
- Réputation
- Contribution au monde
- Profession
- Carrière
- Ambition
- Affaires sociales, culturelles et politiques
- Maison de la mère
- Vocation du moi

Position

Angulaire

Son signe

Qualité d'énergie utilisée pour poser notre pierre à l'édifice du monde et réussir notre vocation.

XI

ŒUVRER

MAISON 11

Sa question

Comment allons-nous faire progresser notre œuvre sociale et nous intégrer au collectif ?

Expérience contactée

- Vie socioculturelle et amicale.
- Idéalisme social, communautaire et militant.

Mots-clés

- Grandes causes humanitaires
- Réseaux sociaux
- Amitiés
- Solidarité
- Vision futuriste
- Utopie
- Liberté-Égalité-Fraternité
- Revendication
- Évolution fraternelle du moi

Position

Succédente

Son signe

Qualité d'énergie utilisée pour œuvrer dans la communauté et gérer nos projets.

XII

FAIRE LE BILAN

MAISON 12

Sa question
Comment allons-nous nous relier à plus grand que nous et nous détacher de tout le reste ?

Expérience contactée
- Faire son grand bilan
- Prendre du recul
- Se laisser traverser par les vibrations de l'Univers.

Mots-clés
- Méditation
- Engagement social
- Service inconditionnel
- Compassion
- Santé mentale
- Épreuves
- Emprisonnement
- Éloignement
- Dissolution du moi

Position
Cadente

Son signe
Qualité d'énergie utilisée pour transcender notre existence ordinaire et entrer en contact avec les plans subtils.

LES AXES KARMIQUES

NŒUDS LUNAIRES

RÉVOLUTION ZODIACALE

18 ANS ½ ENVIRON – TOURNENT DANS LE SENS INVERSE DU ZODIAQUE

Nœud sud

- Passé
- Acquis
- Habitudes
- Automatisme
- Zone de confort
- Dons innés

Glyphe ☋

Son signe

Indique l'énergie d'un comportement enraciné et utilisé à l'excès dans le passé.

Sa maison

Indique le champ d'expériences connues.

Nœud nord

- Chemin de vie
- Destinée
- Appel de l'âme
- Évolution

Glyphe ☊

Son signe

Indique l'énergie à contacter pour transcender le Nœud sud.

Sa maison

Indique le champ d'expériences inconnues à découvrir.

LUNES NOIRES

RÉVOLUTION ZODIACALE
8 ANS ET 10 MOIS

Lune noire corrigée - appelée Lilith
- Mémoire de souffrance de vies passées
- Angoisse
- Interdit
- Blocage
- Peur
- Refus

Glyphe ⚸
Son signe
Indique l'énergie qui comporte une charge émotionnelle négative.

Sa maison
Indique le lieu d'un noyau psychotique.

Lune noire moyenne - appelée Licorne
- Orgueil
- Exigence de perfection
- Désir de pureté
- Diamant brut au fond de notre âme

Glyphe ⚸
Son signe
Indique l'énergie la plus pure du signe qui nous habite.

Sa maison
Indique un lieu d'absolu où l'on pense détenir la vérité.

CHIRON

RÉVOLUTION ZODIACALE
ENVIRON 50 ANS

Archétypes
- Le guérisseur
- Le guide
- La clé

Mythologie
- Centaure guérisseur
- Précepteur des héros

Mots-clés
- Douleur
- Blessure
- Différent
- Rejet
- Abandon
- Guérison

Glyphe ⚷

Son signe
Indique une énergie porteuse d'une blessure et d'une guérison.

Sa maison
Indique le champ d'expérience à affiner pour trouver la guérison.

LES ASPECTS PRINCIPAUX

LES ASPECTS PRINCIPAUX

PRINCIPE DES ASPECTS

Les aspects font interagir une ou plusieurs planètes. Celles-ci n'évoluent pas à la même vitesse, c'est-à-dire qu'elles ne font pas le tour du zodiaque dans le même temps. La planète la plus rapide est la Lune, la plus lente est Pluton.

ORDRE DES PLANÈTES DE LA PLUS RAPIDE À LA PLUS LENTE

- Lune
- Mercure
- Vénus
- Soleil
- Mars
- Jupiter
- Saturne
- Uranus
- Neptune
- Pluton

Règle d'or : Soumettre la planète la plus rapide à la plus lente. C'est toujours la planète la plus rapide, prise dans l'aspect, qui doit se soumettre et diffuser l'énergie de la planète plus lente.

Harmonieux : les deux planètes s'entendent bien et mettent en commun leurs énergies pour œuvrer.

Disharmonieux ou tendus : les deux planètes ne se comprennent pas bien, elles ont des difficultés à mettre en commun leurs énergies, elles ont besoin de se comprendre et de trouver un consensus.

CONJONCTION

Principe
Fusion des deux énergies, démarrage d'un nouveau cycle.

Orbe ou écart entre les planètes
Entre 0 et 10° selon les planètes qui forment l'aspect.

Caractéristique
La conjonction indique que les planètes sont l'une à côté de l'autre mais parfois dans deux signes différents qui se suivent de près.

Vibration de l'aspect
Harmonieuse, mais en fonction des planètes concernées, peut aussi être inconfortable.

Signe de l'aspect

SEXTIL

Principe
Compréhension et communication, aspect créateur.

Orbe ou écart entre les planètes
60°

Caractéristique
Les planètes sont dans des signes de même polarité :

Positif	Négatif
✷ Bélier	✷ Taureau
✷ Gémeaux	✷ Cancer
✷ Lion	✷ Vierge
✷ Balance	✷ Scorpion
✷ Sagittaire	✷ Capricorne
✷ Verseau	✷ Poissons

Vibration de l'aspect
Harmonieuse, capacité à organiser sa créativité, sa communication, et à la mettre en place.

Signe de l'aspect

⚹

CARRÉ

Principe
Crise d'action ou crise de conscience, aspect fortement déstabilisant et exigeant.

Orbe ou écart entre les planètes
90°

Caractéristique
Les planètes sont dans des signes de même mode :

Cardinal
- Bélier
- Cancer
- Balance
- Capricorne

Fixe
- Taureau
- Lion
- Scorpion
- Verseau

Mutable
- Gémeaux
- Vierge
- Sagittaire
- Poissons

Vibration de l'aspect
Vibration tendue. Les fonctions planétaires en jeu se contrecarrent, ne s'entendent pas. Nécessité de comprendre et de vaincre les résistances ressenties.

Signe de l'aspect

□

TRIGONE

Principe
Corne d'abondance, entraide, aspect de talent.

Orbe ou écart entre les planètes
120°

Caractéristique
Les planètes sont dans des signes de même élément :

Feu
- Bélier
- Lion
- Sagittaire

Terre
- Taureau
- Vierge
- Capricorne

Air
- Gémeaux
- Balance
- Verseau

Eau
- Cancer
- Scorpion
- Poissons

Vibration de l'aspect
Vibration harmonieuse. Les fonctions planétaires sont comme des alliés puissants qui expriment un don particulier. La facilité peut aussi les endormir.

Sigle de l'aspect

△

SESQUI-CARRÉ

Principe
Mise à l'épreuve, situation répétitive où le problème est occulté, n'est pas conscient.

Orbe ou écart entre les planètes
135°

Caractéristique
Associe l'aspect de semi-carré (45°) à un aspect de carré (90°). Aspect dit mineur mais qui associe l'effet de deux tensions dont une majeure (le carré).

Vibration de l'aspect
Vibration tendue. Les fonctions planétaires se mettent à l'épreuve et impliquent des situations répétitives voire bloquées.

Signe de l'aspect

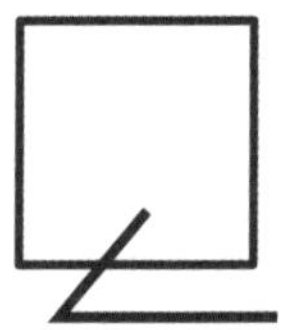

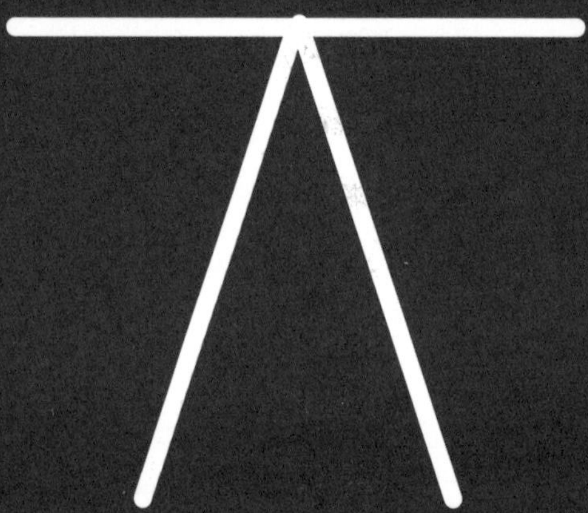

QUINCONCE

Principe
Travail sur soi pour voir les limites que l'on s'impose.

Orbe ou écart entre les planètes
150°

Caractéristique
Les planètes sont dans des signes qui ne se comprennent pas. C'est un aspect dit mineur.

Vibration de l'aspect
Vibration tendue. Les fonctions planétaires sont vécues en alternance, tantôt l'une, tantôt l'autre. Cet aspect est comme un caillou dans une chaussure, il nous gêne mais ne nous empêche pas d'avancer. Il nous rappelle que quelque chose ne va pas et qu'il serait bon de régler les choses.

Signe de l'aspect

⚻

OPPOSITION

Principe
Aspect relationnel impliquant l'autre.

Orbe ou écart entre les planètes
180°

Caractéristique
Les planètes se font face, elles sont comme dans un dialogue conflictuel, l'une voulant prendre le pas sur l'autre.

Vibration de l'aspect
Vibration tendue. Les fonctions planétaires se font face, leurs énergies s'opposent, avec au fond, un désir de s'harmoniser, de s'équilibrer et de trouver une complémentarité.

Signe de l'aspect

☍

⋆ LES ÉLÉMENTS ⋆

LES ÉLÉMENTS

Les signes astrologiques sont porteurs des éléments que sont le Feu, la Terre, l'Air et l'Eau. Le calcul de l'excès ou du manque d'un des éléments dans un thème natal permet d'affiner l'étude de la personnalité du natif. On attribue un nombre de points à chaque planète en fonction du signe, porteur de l'élément, dans lequel elle se situe au moment de la naissance et également en fonction de son importance. On prend aussi en compte l'élément dans lequel se situe l'Ascendant.

CALCUL DES ÉLÉMENTS SELON LA MÉTHODE D'ELIZABETH SENS[1] :

- Soleil, Lune, Asc = 4 points
- Mercure, Vénus, Mars, NS[2] = 3 points
- Saturne, Jupiter = 2 points
- Pluton, Neptune, Uranus = 1 point

En dessous de 5 points, l'élément est dit en manque.
Au-delà de 10 points, l'élément est dit en excès.
Il y a un excès grave au-delà de 20 points.

....

1. *Elizabeth Sens est l'astrologue qui m'a enseigné la discipline. Voici son site internet : www.sensdeletre.com*

2. *NS : Nœud sud*

FEU

Principe
Intuition qui génère l'action.

Signes porteurs de Feu
* Bélier : feu actif, jaillissement spontané.
* Lion : feu de l'ego, confiance en soi.
* Sagittaire : feu de l'embrasement, idéologie.

Excès de Feu
On aborde la vie avec beaucoup d'énergie d'esprit d'initiative, et confiance en soi, mais beaucoup d'agitation, de précipitation, de nervosité, stress permanent, tendance à se consumer.

Manque de Feu
Manque d'initiative, d'élan. Difficulté à surmonter les situations qui demandent de l'énergie.

TERRE

Principe
Monde des formes, de la matière.

Signes porteurs de Terre
- Taureau : matière, sens, production.
- Vierge : aspect concret du quotidien, esprit analytique.
- Capricorne : sérieux, stabilité et enthousiasme social.

Excès de Terre
On aborde la vie avec endurance, patience, pragmatisme, mais on manque d'ouverture, on est très obtus, possessif et matérialiste.

Manque de Terre
Difficulté à gérer son argent, à faire attention aux choses, à s'occuper de choses concrètes et à s'ancrer.

AIR

Principe

Pensées, idées, concepts.

Signes porteurs d'Air

* Gémeaux : pluralité des idées, gesticulation mentale.
* Balance : capacité relationnelle et médiatrice.
* Verseau : concepts, projets, idées avant-gardistes.

Excès d'Air

On aborde la vie avec trop de pensées et une hyperactivité mentale. Le cerveau bouillonne coupé du corps, on part dans de grandes idées, ce qui provoque la dispersion mentale.

Manque d'Air

Difficulté à poser des mots sur ses idées. Manque d'objectivité, tout est pris à cœur, a du mal à se faire comprendre.

EAU

Principe
Sentiments, émotions.

Signes porteurs d'Eau

* Cancer : émotions profondes, conscience de soi.
* Scorpion : émotions sombres, conscience des autres.
* Poissons : grandes émergences, conscience de la collectivité.

Excès d'Eau
On aborde la vie avec trop d'émotivité, de sensibilité ; vie psychique chaotique. Réactivité en fonction de l'état émotionnel. Éponge d'ambiance. Hypersensibilité, émotions à fleur de peau.

Manque d'Eau
Manque de capacité à exprimer ses émotions, refoulement émotionnel. Difficulté à être dans la compassion et à être connecté à ses ressentis.

★ LES MODES ★

LES MODES

Les modes sont des qualités apportées aux signes et aux maisons, comme une vibration complémentaire aux énergies déjà existantes en chacun.

Il y a trois modes différents, chacun apportant sa vibration à quatre signes, une teinte supplémentaire aux énergies véhiculées.

Nous pouvons calculer le mode dominant de la même manière que les éléments.

CARDINAL
FIXE
MUTABLE

Principe cardinal
Initie et impulse.

Signes cardinaux
- Bélier
- Cancer
- Balance
- Capricorne

Dominante cardinale
Capacité d'agir et de réagir facilement. Prise d'initiative. Impulsion et démarrage des choses.

Principe fixe
Concrétise et stabilise.

Signes fixes
- Taureau
- Lion
- Scorpion
- Verseau

Dominante fixe
Donne une forte persévérance, une volonté d'aller au bout des choses, beaucoup de pragmatisme et sens de la possession.

Principe mutable
Finalise et s'adapte.

Signes mutables
- Gémeaux
- Vierge
- Sagittaire
- Poissons

Dominante mutable
Capacité d'adaptation, fluidité et souplesse.

* LES PLANÈTES * PERSONNELLES EN SIGNES

Le Soleil fait partie des planètes personnelles. Il rayonne l'énergie du signe dans lequel il est à la naissance du natif. Il met en lumière les caractéristiques des signes que l'on retrouve dans la première partie, Les signes du zodiaque (page 11 à 33).

Les autres planètes personnelles ont un mode d'expression différent de celui des signes puisqu'elles ont toutes des fonctions différentes dans l'être humain incarné que nous sommes. Il est donc intéressant de passer en revue ce qu'elles véhiculent dans le thème natal.

Les planètes personnelles en signe

- Lune
- Mercure
- Vénus
- Mars

Lune : Nos besoins sécuritaires, notre monde intime et émotionnel, nos réactions instinctives.
Mercure : Nos pensées, notre communication, notre intellect.
Vénus : Nos valeurs, ce qu'on aime faire, notre intelligence de cœur.
Mars : Nos actes posés, notre bravoure à agir, notre engagement dans la vie.

Les descriptions des planètes en signes sont bien sûr indiquées hors contexte d'un thème natal de naissance. L'interprétation sera toujours à mettre en relation avec l'ensemble du thème puisque rien n'est isolé, tout se parle à travers les aspects, les maisons où cela se passe et l'état de la planète (directe, expression extériorisée de la planète ou rétrograde, expression intériorisée de la planète, sachant que le Soleil et la Lune ne rétrogradent jamais).
Il s'agit donc d'une idée d'ensemble à affiner au travers de ce qui se passe dans le thème et également en fonction du niveau de conscience de chaque personne.

LUNE EN SIGNE

Lune en Bélier :

La Lune en Bélier a besoin d'action et aura tendance à être très réactive. Il lui est très difficile de contenir ses réactions émotionnelles. Elle va droit au but et est spontanée. Dans ce signe de Feu, la Lune crée une certaine agitation nerveuse. La routine et l'inertie ne lui conviennent pas.

Dans les moments où cela ne va pas, il lui faut se mettre en activité, en mouvement, retrouver du dynamisme.

Lune en Taureau :

Pour se sentir bien, la Lune en Taureau a besoin de se sentir productive. Elle est sensible à l'idée d'être productive, se sentir utile lui procure un sentiment de sécurité. C'est une Lune protectrice, très sensuelle, qui déteste avoir faim, et ressent très fort toutes les sensations du corps.

Personnalité tenace, elle va au bout des choses, lentement mais sûrement. Elle s'attache et peut avoir peur du changement.

Elle a besoin de se sentir en sécurité financière. Elle aime être pragmatique et s'entourer de choses concrètes.

Lune en Gémeaux :

La Lune en Gémeaux a l'humeur légère, elle a beaucoup d'humour, et réagit rapidement.

Elle règle les problèmes en parlant. Elle a un besoin viscéral de s'exprimer, de lire, de parler. Elle a besoin des mots pour se sentir bien.

Elle aime le mouvement et le changement, elle a horreur de la routine. Elle passe à l'action de manière légère, en dédramatisant. Elle a besoin de tout savoir, de tout connaître de ce qui l'entoure.

Lune en Cancer :

La Lune en Cancer a besoin d'être touchée par les choses. Elle a un cœur d'enfant et a tendance à se protéger de ses émotions pour pallier une certaine fragilité émotionnelle.

Elle est très casanière et porte son attention sur sa famille, sur son foyer. Elle a besoin de nourrir, de materner.

S'occuper des autres lui procure un sentiment de sécurité.

Tout est régi par son passé, son enfance. Elle est très marquée par les souvenirs émotionnels du passé, les garde dans son ventre, les contemple sur les photos. À l'aise dans son antre, elle a des difficultés à affronter le monde extérieur. Elle a un imaginaire et une créativité sensible très liés à ses émotions.

Lune en Lion :

La Lune en Lion est une Lune forte, déterminée, peu influençable.

Elle réagit et prend les choses en main personnellement. Cette Lune de Feu peut se comporter de manière héroïque et attacher une grande valeur à sa réputation. Elle s'identifie à ses émotions et pense que les autres vivent les mêmes. Elle prend son émotion pour une vérité, et réagit en fonction.

Le côté Lion pousse la Lune à mettre en scène ses émotions avec une propension à vider tout ce qu'elle a sur le cœur.

Lune en Vierge :

Toujours prête à la remise en question, la Lune en Vierge veut comprendre et maîtriser ses émotions. Elle a tendance à croire qu'elle ne fait pas les choses correctement.

Elle dispose d'une sensibilité analytique, et aime rendre service. Sa manière d'aimer est de combler tous les besoins de ses enfants.

Dans ce signe de Terre, la Lune est prudente, elle est réservée et timide. La gêne la fait rougir.

Prendre du recul sur ses émotions lui permettrait d'éviter de s'autocritiquer. Elle est tout le temps dans l'analyse de ses sentiments.

Lune en Balance :

La Lune en Balance est sensible aux réactions des autres. Elle déteste le conflit, cela la met en grand déséquilibre, voire en dysharmonie, et provoque en elle une discorde émotionnelle. Elle peut aller jusqu'à occulter ce qu'elle vit et ce qu'elle ressent pour éviter le conflit.

Elle est extrêmement sensible au jugement des autres, et elle doit faire attention à ce que ce constant désir d'approbation ne soit pas au détriment de son équilibre personnel.

Elle a du mal à savoir ce qui est bon pour elle-même, alors qu'elle est de bon conseil pour les autres.

Cette Lune est ouverte aux autres et serviable, elle a besoin de relations humaines et de s'épanouir à deux.

Lune en Scorpion :

La Lune en Scorpion est hyper possessive et extrêmement déterminée, ses émotions sont vécues en profondeur. Torturée de l'intérieur, il est difficile de la sonder.

La Lune en Scorpion est la plus torturée du zodiaque, elle broie du noir et ressent l'angoisse dans son ventre, mais elle donne le change, évite de montrer son tourment intérieur et offre un semblant de visage serein à la surface.

Très intense et passionnée vis-à-vis de ses émotions, cette Lune revancharde

ne lâche rien et cherche à fusionner sexuellement et émotionnellement avec son partenaire dans un jeu de pouvoir. Elle a besoin de fusionner avec l'autre. En cas de rupture ou de séparation, elle a beaucoup de difficulté à se remettre et à passer à autre chose. Très déterminée dans ce qu'elle veut obtenir, elle va se débrouiller pour créer du lien émotionnel et rendre l'autre dépendant.
Le sommeil est pour elle une source de réconfort qui peut lui permettre de reléguer ses angoisses dans son inconscient. Elle ressent une dépendance viscérale à la mère, dont elle subit les angoisses. La Lune en Scorpion a besoin de franchise, on ne peut pas lui mentir.

Lune en Sagittaire :
La Lune en Sagittaire a besoin de contacts, elle aime mener et remonter le moral aux autres.
Elle a souvent eu une enfance joyeuse, des parents qui pouvaient compter sur elle, sur sa nature bienveillante et optimiste.
Elle a besoin de grand air, de s'aérer, de mouvement. Elle aime voyager, elle a besoin d'élargir ses horizons, de prendre une posture de guide.
La Lune en Sagittaire s'exprime bien, elle a des facilités à transmettre. Elle aime enseigner, elle a besoin de faire en sorte que sa vie ait du sens. Elle a tendance à relativiser les choses, et pour ne pas broyer du noir, elle peut aller jusqu'à trouver la solution miracle.
Elle est d'un tempérament naturellement bienveillant et dispose d'une capacité émotionnelle à positiver, ce qui peut la pousser parfois à nier ses blessures.

Lune en Capricorne :
La Lune en Capricorne possède une forme de froideur qui ne lui autorise pas de débordement émotionnel. Elle n'a pas eu d'autre choix que de contenir ses émotions dans l'enfance. Elle a tendance à aimer la solitude, mais elle a aussi besoin de sentir qu'on peut compter sur elle à travers les responsabilités sociales qu'elle prend.
Dans ce signe, la Lune aura une certaine difficulté à contacter ses émotions préférant les laisser maturer intérieurement que de les exprimer extérieurement. Elle met une distance avec ses émotions ce qui lui permet de voir les problèmes dans l'ensemble sans apitoiement. Une certaine sobriété se dégage d'elle.
Se sentir utile la rassure. Elle a besoin de responsabilités, sinon elle se sent à l'écart, triste, isolée. Le fait de se savoir irréprochable la met en sécurité.
La Lune en Capricorne a le sentiment de ne pas mériter les choses s'il n'y a

pas eu un travail derrière. Elle doit faire attention à ne pas se perdre dans la recherche de la reconnaissance sociale ou dans une ambition démesurée.

Lune en Verseau :

La Lune en Verseau est très détachée de ses sentiments, elle est attirée par la notion de groupe. Elle s'épanouit quand les autres vont bien. Sa sensibilité émotionnelle dépend du bien-être du collectif. L'amitié et la fraternité la mettent dans un espace où elle se sent bien.

Dans ce signe d'Air, dont la devise est « Liberté, Égalité, Fraternité », La Lune garde une certaine distance sur ses émotions qui peuvent s'exprimer de manière anarchique. Elle peut aussi être visionnaire et ressentir les choses à l'avance.

Le Verseau étant un signe en contact avec la marginalité, cette Lune va avoir tendance à revendiquer sa différence et son excentricité pour exister.

Lune en Poissons :

La Lune en Poissons a beaucoup d'intuition, elle fait preuve d'une grande clairvoyance et d'une grande fragilité émotionnelle, elle ressent tout ce qui l'entoure.

Elle ne sait pas trop si elle est dans le passé ou dans le futur mais elle ne vit pas dans le présent. Elle a du mal à se situer dans l'espace à cause de la force de son empathie.

Elle a une sensibilité fuyante, diffuse, perturbée par les énergies qui l'entourent. Très vibratoire, elle ressent l'énergie des autres et leur humeur, quitte à parfois se les approprier et ne plus savoir faire la part des choses entre les émotions des autres et les siennes.

Hypersensible, elle peut être très impressionnable. Elle est prête à se sacrifier pour les autres. Elle croit toujours qu'elle doit satisfaire les besoins des autres avant les siens, presque jusqu'au martyr.

MERCURE EN SIGNE

Mercure en Bélier :
Dans ce signe de Feu jaillissant, Mercure amène une pensée très personnelle, un esprit actif et un grand besoin de stimulation mentale. Mercure en Bélier peut avoir des tensions intellectuelles qui créent une forme d'agressivité ou une forme d'excitation mentale. Il a un réel besoin de canaliser cette énergie. Imprégné de l'énergie impulsive du Bélier, Mercure a tendance à communiquer de manière très directe et à parler avant de réfléchir, il manque parfois de diplomatie.

Mercure en Taureau :
Le cerveau de Mercure en Taureau est productif, sa pensée doit être rentable. Il a beaucoup de certitudes et il peut lui être difficile de s'ouvrir aux idées des autres.
Il fait preuve de beaucoup de concentration, sa pensée est mise au service de l'organisation, du pragmatisme et de la tempérance.
Mercure en Taureau peut avoir besoin de temps pour assimiler une idée mais une fois que c'est acquis et compris il s'y tiendra et ne changera pas d'avis.
Il dispose d'un système nerveux solide, ce qui aide à rester calme et lui évite généralement le stress. Il communique de manière claire, carrée et pragmatique, mais il peut être entêté.

Mercure en Gémeaux :
Dans ce signe d'Air, Mercure manie le langage et la communication avec beaucoup de légèreté. Il est très à l'aise avec la sémantique et très vif d'esprit. Il comprend vite les choses, même s'il n'est pas très à l'aise avec la pensée philosophique. Mercure en Gémeaux sait donner le change. Il est très difficile à prendre en défaut et il veut avoir le dernier mot, quitte à utiliser la ruse pour arriver à ses fins.
En Gémeaux, Mercure est dans son signe de prédilection, il s'y sent à l'aise, mais cela implique un risque de dispersion mentale, un manque de structure et une sorte de papillonnage. Il peut survoler les choses, passer d'une idée à l'autre en un éclair et parfois manquer de profondeur.

Mercure en Cancer :
Mercure en Cancer a besoin de se sentir en sécurité émotionnelle pour s'exprimer librement. Si on lui crie dessus, il aura tendance à se renfermer coupant la communication extérieure. Il a donc besoin que l'échange verbal se fasse dans un environnement bienveillant avec une parole sensible qui vient du cœur.

Son mental est lié à l'affect, aux souvenirs, à l'imaginaire, à la sensibilité.
Dans ce signe d'Eau gouverné par la Lune, Mercure peut manquer d'objectivité, son expression est influencée par ses émotions et ses expériences personnelles.
Son mode de pensée est très lié à la mère, au milieu familial.

Mercure en Lion :
Mercure en Lion aime être écouté, il utilise la communication avec créativité, avec l'idée de performance et un certain charisme.
C'est un bon conférencier qui aime le storytelling, il a besoin de briller par la parole.
Il est stimulé par le fait d'être écouté, de recevoir de l'attention. Il aime être sur le devant de la scène.
Il peut aussi avoir tendance à imposer ses idées. Il y met beaucoup de cœur, aussi il n'aime pas être contesté ou pris en défaut.

Mercure en Vierge :
La pensée de Mercure en Vierge est extrêmement analytique, il cherche à comprendre le pourquoi du comment des choses. Très scolaire dans sa manière d'apprendre, il a un grand besoin de clarté. Il va chercher la petite bête, aller au fond des choses pour les comprendre.
Mercure en Vierge est très à l'aise dans la recherche de pointe, la médecine, la science, l'informatique. Il a besoin de repères concrets, de planifier. Très pragmatique, il a un grand sens du détail. Les répétitions et la routine le rassurent. Il a tendance à ressasser les choses, à se poser beaucoup de questions, il a un sens critique très développé.
Sa communication est très concise, très carrée et le pousse à chercher la précision, il n'aime pas les approximations.
Mercure est à l'aise en Vierge, c'est son deuxième signe de prédilection.

Mercure en Balance :
La communication de Mercure en Balance passe par le dialogue, le partage d'idées. C'est ainsi qu'il enrichit son intellect et développe de nouvelles idées. C'est dans l'échange et cette dynamique relationnelle qu'il s'exprime.
Mercure en Balance est un bon conseillé, il a une bonne capacité à comprendre et à écouter l'autre. Dans ce signe d'Air qui diffuse l'harmonie autour de lui, Mercure a une parole diplomate, de médiateur, de conciliateur. Ses mots élèvent et peuvent apporter de l'apaisement.

Mercure en Scorpion :
Grâce à l'intuition et au flair apportés par le signe du Scorpion, Mercure a la capacité

d'entrer en contact avec la complexité de l'autre. C'est un taiseux qui s'exprime peu. Il peut avoir beaucoup d'arrière-pensées parce qu'il comprend les intentions de l'autre, il peut sentir ce qu'on ne lui dit pas.

Dans ce signe d'Eau des profondeurs, Mercure peut également s'avérer manipulateur. Il peut avoir des difficultés à exprimer les pensées qu'il cache au fond de lui car il est parasité par ses émotions, ce qui le pousse à garder le contrôle sur ce qu'il dit. Il est lucide sur les jeux d'ego et sait utiliser les mots qui touchent en plein cœur. Il est très méfiant et prête parfois des intentions aux autres, ce qui obscurcit sa vision des choses. Il a un côté parano, toujours sur la défensive, prêt à piquer alors qu'on n'a pas encore parlé. Sa pensée peut être obsessionnelle.

Mercure en Sagittaire :

Mercure en Sagittaire est un philosophe. Il dispose d'aptitudes pour l'enseignement, son côté Sagittaire l'ayant doté d'une facilité à transmettre ses idées, mais cela peut parfois le pousser à se prendre pour l'unique détenteur de la vérité.

Il a une énergie de feu dans sa parole comme dans son idéologie. Comme le Sagittaire qui aime partager des moments conviviaux, la parole de Mercure dans ce signe est stimulée par le groupe.

Mercure en Capricorne :

Mercure en Capricorne, signe porteur d'une certaine austérité, n'aime pas s'épandre en bavardage. Il a un mode d'expression froid et pragmatique, il décrit les choses comme elles sont. C'est clair, net et précis. Il est efficace dans sa manière de s'exprimer, sa pensée est construite et sobre.

Le signe du Capricorne incarne la responsabilité. Mercure dans cette énergie donne une mentalité structurante et mature qui ne s'encombre pas de mille informations et va à l'essentiel.

Mercure en Capricorne peut faire un bon historien, un bon grammairien. C'est quelqu'un qui comprend la structure des choses.

La responsabilité qui enveloppe Mercure dans ce signe peut lui amener des difficultés à s'exprimer par peur de dire des bêtises tellement il se sent responsable de ses mots. D'ailleurs, il peut être extrêmement maladroit lorsqu'il exprime ses sentiments amoureux.

Mercure en Verseau :

Mercure en Verseau, signe révolutionnaire et avant-gardiste, a tendance à vouloir réformer les pensées, les révolutionner, d'où une difficulté à être dans la conciliation. Il dira plutôt non, ne sera pas d'accord, par plaisir de jouer la contradiction.

Dans ce signe d'Air humaniste, Mercure apporte une dimension collective aux pensées, il a un mental tourné vers les préoccupations humaines. Le Verseau aime également les technologies du futur, donnant à ce Mercure une curiosité intellectuelle tournée vers les nouvelles technologies. Attention toutefois, car dans ce signe, les pensées peuvent aussi être utopistes.

D'une grande nervosité mentale, Mercure en Verseau peut être extrêmement impatient.

Son état d'esprit frondeur, transformateur, n'est pas dans la séduction verbale. Il peut avoir tendance à dire des choses dérangeantes voire non comprises par le monde.

Mercure en Poissons :

La pensée de Mercure en Poissons est quelque peu diffuse ; il est difficile pour lui de se concentrer sur des choses très rationnelles. Il capte beaucoup de choses sur un plan plus métaphysique.

Lorsque Mercure en Poissons entre dans une pièce, il ressent l'humeur des personnes présentes et tout ce qui se passe au-delà du réel. À cause de ses perceptions, il a parfois du mal à faire le tri et à se concentrer. Il est perturbé par toutes ces émotions invisibles.

Il a une clairvoyance inconsciente, un mental hyperintuitif. Mercure baigné dans les grandes eaux des Poissons a besoin d'un cadre rassurant pour calmer sa tendance à la confusion mentale.

Il peut avoir une trop grande empathie par rapport à la personne avec qui il est. Parfois il ne sait pas si ce qu'il pense est de lui ou s'il formule les choses pour protéger l'autre. Il a tendance à adopter le raisonnement de l'autre, et il peut utiliser son langage jusqu'à en perdre son identité et son propre raisonnement.

VÉNUS EN SIGNE

Vénus en Bélier :
Dans ce signe de feu jaillissant, Vénus, la planète des valeurs relationnelles, a tendance à aimer partager l'action, les projets avec l'autre. Le feu la stimule et lui apporte beaucoup de magnétisme. Elle réagit de manière forte lorsqu'on touche à ses valeurs.
Le Bélier est le premier signe du zodiaque, il porte en lui une énergie dynamique d'initiative. Dans ce signe, Vénus est invitée à porter des valeurs nouvelles, elle aime aller vers l'inconnu et elle peut initier une nouvelle manière d'exprimer l'amour.

Vénus en Taureau :
En Taureau, Vénus est dans son signe de prédilection. Dans ce signe, elle se veut sensuelle, charnelle et épicurienne.
Il émane de cette Vénus un sentiment de paix lorsqu'elle se sent en sécurité matérielle. Cela peut la conduire à une sorte de boulimie matérielle. Elle a besoin de créer des choses concrètes, d'acquérir des biens.
Vénus en Taureau est liée aux cinq sens et son goût esthétique est très prononcé. Elle aime transmettre ses valeurs, montrer le beau en toute chose, les belles matières, les belles formes.
Elle est à l'aise dans le travail car avec le Taureau, le labeur est bien vécu. Elle aime produire.

Vénus en Gémeaux :
Dans ce signe d'Air, en lien avec la communication, Vénus a le goût de la rhétorique, de l'échange verbal et aime exprimer son amour par les mots. Elle a une grande capacité d'adaptation et sait dire les mots qui réconfortent et apportent du baume au cœur.
Cette Vénus peut vivre certaines relations de manière superficielle car ce signe qui lui apporte une note de légèreté relationnelle la pousse à multiplier les relations. Elle a tendance à expérimenter la pluralité amoureuse et amicale, elle se nourrit de la diversité.

Vénus en Cancer :
Se voir dans le regard de l'autre est très important pour Vénus en Cancer, car l'image de soi est intimement liée à l'image que nous renvoie l'autre. Elle se sent aimée lorsqu'elle se sent considérée.
Dans ce signe sensible, Vénus peut se sentir fragile à l'extérieur, elle sera plus à l'aise dans son antre. Elle aime les relations sécurisantes, douces et romantiques. Elle aime son foyer, son cocon. Dans ce signe d'Eau nourricier, elle aime nourrir et materner les autres. Vénus en Cancer,

signe en lien avec l'intimité, aime créer des relations intimes tout en douceur.

Vénus en Lion :
Vénus en Lion aime se sentir encouragée, applaudie, mise en lumière. Lorsque c'est le cas, il émane d'elle un sentiment de rayonnement qui lui permet d'offrir le meilleur d'elle-même. Elle peut avoir tendance à poursuivre une quête narcissique avec un possible surinvestissement de l'apparence. Le regard de l'autre peut être tellement important pour elle qu'elle risque de développer une dépendance à l'image qui émane d'elle, au fait d'être regardée et reconnue. Comme une actrice face à son public, cette Vénus ressent un sentiment de plénitude lorsqu'elle sent l'amour de l'autre à son égard.
Vénus en Lion aime avoir un partenaire qui l'aide à la mettre en valeur et à porter sa couronne de lauriers. Très loyale, elle ne badine pas avec l'amour.
Vénus, planète des valeurs, dans ce signe de Feu rayonnant et créatif, porte ses valeurs de cœur et aime créer avec amour.

Vénus en Vierge :
Le signe de la Vierge apporte à cette Vénus un côté sélectif dans son rapport aux autres, elle ne donne pas à n'importe qui et pas n'importe comment. Elle exprime son désir avec pudeur, et fait preuve d'une certaine timidité lorsqu'elle exprime ses sentiments. Ce signe d'analyse donne à cette Vénus l'envie de comprendre ce qu'elle ressent.
Dans ce signe de Terre qui aime tout comprendre, tout disséquer, Vénus est cérébrale. Elle adore faire des bilans, mettre à plat ses relations, donner des outils aux autres, avoir un sentiment d'utilité. Elle se plaît à trier, ranger, éclaircir. Elle se réjouit dans le service mais, peut aussi parfois se poser en victime. Elle fait ce qu'il faut pour être en bonne santé.

Vénus en Balance :
Vénus en Balance est dans son deuxième signe de prédilection, ici elle est diplomate et la relation à l'autre est importante pour elle. Elle a le goût de l'autre. Faire l'expérience de l'altérité est important, elle cherche l'harmonie des échanges et l'équilibre relationnel. Pour elle, les valeurs n'ont de sens que si elles sont partagées. Elle n'aime pas être seule et le regard de l'autre est important pour elle.
Elle peut vouloir respecter les codes pour être aimée. Vénus en Balance n'aime pas le conflit, elle préfère les compromis. Elle peut avoir tendance à s'oublier au nom de l'amour et de l'apaisement, elle préfère la paix à ses propres émotions.
Elle est attirée par le beau et très sensible

à tout ce qui est esthétique. Raffinée, elle aime les objets de qualité.

Vénus en Scorpion :
Vénus, la déesse de l'amour et des valeurs dans le signe du Scorpion, signe de l'intensité des profondeurs, désire pénétrer les secrets de l'autre, elle veut entrer en contact avec ses failles et dénicher la vérité qui s'y cache.
Elle n'aime pas la simplicité, elle séduit par son corps.
Le Scorpion est un signe qui mêle à la fois le besoin de fusion, de pouvoir, d'intensité, de passion et de mort-renaissance. Dans ce signe, Vénus a tendance à avoir besoin de revivre des moments de rupture, de séparation, pour toucher les profondeurs d'elle-même. Ses sentiments sont d'une telle intensité qu'elle peut aller jusqu'à des situations de domination ou de soumission pour tester son emprise, pour mettre à jour les ombres et finalement créer de vraies relations.

Vénus en Sagittaire :
Vénus en Sagittaire est une aventurière. Elle aime aller vers l'extérieur, entrer en relation avec ce qu'elle ne connaît pas et pourquoi pas rencontrer l'amour à l'étranger. C'est l'Amazone qui part en quête ; elle pourrait toutefois se perdre dans cette quête d'un idéal toujours plus élevé.
Dans ce signe de Feu, elle porte des valeurs fortes. Elle est stimulée par la connaissance des lois universelles et elle a à cœur de transmettre ses valeurs spirituelles et la Foi qu'elle porte en elle. Avec le Sagittaire qui voit toujours le verre à moitié plein, cette Vénus verra toujours l'espoir derrière l'épreuve.

Vénus en Capricorne :
Vénus en Capricorne, signe porteur de sagesse et de responsabilité, aime de manière sérieuse et engagée. On peut compter sur elle dans la relation.
Le signe du Capricorne lui apporte une certaine maîtrise de soi, ce qui fait qu'elle sait maîtriser ses désirs et ses émotions. Elle fait preuve d'une grande tempérance dans l'expression de ses sentiments, et elle peut avoir tendance à réprimer l'expression de ses désirs.
Cette Vénus aime qu'on compte sur elle et se sentir responsable. Elle aime s'investir socialement pour les autres par des prises de décision.
Vénus en Capricorne a tendance à aimer la solitude, elle a parfois besoin de se retirer pour un temps pour se ressourcer.

Vénus en Verseau :
Dans ce signe d'Air transgressif, Vénus a tendance à rejeter la norme et à porter des valeurs originales, différentes,

subversives. C'est une militante de l'amour fraternel, une briseuse des dogmes. Elle aime être libre et s'éteint si on tente de la contraindre.
Son approche des relations est anticonformiste, elle incarne l'amour libre, l'amour qui émancipe.

Vénus en Poissons :
Cette Vénus, imprégnée par les eaux des Poissons, a du mal à ne pas se bercer d'illusions dans ses relations. Elle peut vivre l'amour à un niveau sacrificiel, en se perdant dans la relation et en entrant dans le désir de l'autre. Elle peut vouloir sauver l'autre ou vouloir être sauvée par l'autre.
Vénus en Poissons a une disposition pour l'amour divin, un côté mystique. La combinaison de Vénus, déesse de la beauté et des arts, en Poissons signe de poètes et d'artistes, prédispose à exprimer ses valeurs à travers un art inspiré et mystique.

MARS EN SIGNE

Mars en Bélier :

Mars en Bélier est dans son signe de prédilection. C'est le Dieu de la guerre Arès qui foule les terres du Bélier et s'enivre de son feu qui lui apporte le dynamisme de l'action, la rapidité du mouvement et une libido débridée. L'intensité de son feu lui donne une forte énergie, le goût du combat et de la compétition. C'est dans l'action que Mars en Bélier se ressource, sans elle il se dévitalise. Il peut toutefois agir de manière irréfléchie et foncer tête baissée. Cette énergie débordante peut lui jouer des tours et lui donner tendance à agir de manière agressive, c'est sa manière de se défendre pour préserver son intégrité. Il a besoin d'être canalisé, par la pratique d'un sport de combat par exemple.
L'énergie de Feu du Bélier apporte à Mars une grande résistance physique et la capacité à rebondir avec efficacité face aux situations qu'il rencontre.

Mars en Taureau :

Mars en Taureau est une force tranquille, son action est productive. L'élément Terre du Taureau ralentit l'énergie débordante de Mars. Il est capable de concentrer toute son énergie sur un objectif qu'il s'est fixé. Il a le désir de construire quelque chose de durable et de tangible, de laisser une œuvre concrète au monde. Son action est mise au service de la construction, il cherche à prospérer mais aussi à atteindre la sécurité matérielle.
La mise en action du guerrier Mars en Taureau se fait à la manière des anciens moteurs diesel, il lui faut un temps de chauffe pour démarrer. En revanche, une fois lancé, il est consistant et peut travailler longtemps à la réalisation de ses objectifs. Il a la capacité d'aller au bout de ses projets.
Il est courageux et ne rechigne pas à la tâche, mais il a du mal à changer de cap même s'il s'est trompé de route. Il va au bout car il est très têtu, il peut aller jusque dans le mur avant de s'arrêter.

Mars en Gémeaux :

L'action de Mars en Gémeaux est mise au service de la communication, de la création de lien. Il a besoin de parler et d'expérimenter.
Mars en Gémeaux aime la joute verbale, ses plaidoiries enflammées pourraient faire de lui un bon avocat. Le guerrier Mars en Gémeaux se bat pour ses idées. Il utilise la parole pour défendre des causes, c'est l'archétype du militant.
Il a besoin d'entreprendre plein de choses et il met ses idées en action rapidement sans prendre le temps de réfléchir, ce

qui peut les faire partir dans tous les sens.

Mars en Cancer :

Les actions de Mars en Cancer trouvent leurs origines dans ses émotions et ses sentiments. Dans le signe sensible du Cancer, Mars agit lorsqu'il est touché émotionnellement.

Il mobilise beaucoup d'énergie pour construire un lieu où il a sa place et où il se sent bien. L'Eau du Cancer peut être comparée au liquide amniotique qui protège le bébé dans le ventre de sa mère. Dans ce signe, Mars fait tout pour défendre sa famille, il se bat pour préserver son clan.

Son énergie est également orientée vers le développement personnel, il cherche quelque chose qui va le nourrir intérieurement. Pour se ressourcer, Mars en Cancer a besoin de se recentrer sur lui-même et de revenir à son monde émotionnel.

Mars en Lion :

Mars en Lion place l'ego au service du cœur. Dans ce signe flamboyant, Mars a tendance à vouloir s'affirmer pour laisser une trace sur son passage. Le signe du Lion apporte une énergie créatrice à ce guerrier, le poussant à poser des actes pour construire de grands projets qui reflètent toute la puissance qui réside en lui.

Mars en Lion met du panache dans ses actions. Il est le preux chevalier des contes de fées, prêt à défendre de nobles causes et à révéler le héros magnifique qu'il est.

Il peut aussi avoir une volonté de domination et aimer batailler pour montrer sa force.

Mars en Vierge :

Le discernement et la précision de la Vierge font de ce Mars un bon stratège qui a besoin d'analyser la situation avant d'agir. Cela peut freiner l'action, voire la réprimer, mais cela lui permet surtout d'agir de manière réfléchie.

Mars en Vierge cherche la précision et l'efficacité dans ses initiatives, son action est méthodique. Il aime en comprendre les mécanismes. Il peut faire un bon ingénieur. Il aura en revanche tendance à mettre en doute ses actions, à s'autocritiquer en permanence et à être perfectionniste.

Mars en Balance :

Mars en Balance cherche à donner un sens à son action. Il a envie de s'engager pour maintenir la paix, l'harmonie. Son action passe par un engagement personnel dans des activités culturelles, artistiques

ou liées à la justice mais également au sein de groupes, d'associations ou dans ses relations affectives.
Mars en Balance est plus à l'aise dans l'expression de son énergie lorsqu'il agit en binôme. Il aime agir avec l'autre dans un souci de collaboration. C'est le signe de la Balance qui apporte la dimension de l'autre à Mars qui aurait tendance à vouloir agir seul. Toutefois, une ambivalence gronde au fond de ce Mars, qui d'un côté, voudrait revendiquer son indépendance et de l'autre, ressent qu'il a besoin de l'autre pour agir, d'où un tiraillement entre la recherche d'harmonie et les actes posés.

Mars en Scorpion :
Mars en Scorpion est dans son deuxième signe de prédilection. Ici le guerrier est imbibé de l'énergie puissante du Scorpion (sexe, argent, pouvoir et mort-renaissance). Il a la volonté de vaincre coûte que coûte, il a un côté entier et déterminé. Tant qu'il n'a pas lâché la chose sur laquelle il s'est focalisé, il ira jusqu'au bout.
C'est un Mars qui a une énergie intériorisée puissante.
Dans ce signe, Mars côtoie les extrêmes, il est porté par une forte énergie combattante qu'il cherche à mettre au service de groupes dont la pensée collective vibrera au son de son instinct affûté. Il a tendance à vouloir amener les autres à se plier à sa volonté, que ce soit une volonté égoïste ou altruiste.
Mars en Scorpion est un combattant qui a la volonté d'envoyer au diable toute l'ombre qu'il perçoit, mais s'il n'en est pas conscient cela peut l'autodétruire. Il agit à partir d'une énergie d'Eau souterraine, profonde, qui pourrait l'amener dans les méandres de la noirceur du monde. Cependant, lorsqu'il agit à partir d'une conscience ouverte et éclairée, il devient un beau chevalier lumineux, capable de ramener l'ombre à la lumière, de transformer le pouvoir en puissance, de faire renaître le phénix de ses cendres.

Mars en Sagittaire :
Dans ce signe de Feu, Mars est porté par une volonté d'ouvrir ses horizons, de découvrir de nouvelles contrées, de partir en conquête. Le Sagittaire lui apporte l'énergie de se battre avec foi pour un idéal élevé.
Mars en Sagittaire a besoin de sentir qu'il a de l'espace pour agir, il aime avoir une certaine envergure pour pouvoir œuvrer pour sa cause, pour son idéal, mais il peut aussi œuvrer pour son élévation sociale et agir pour répondre à son besoin de sentir l'abondance autour de lui.
Mars en Sagittaire a une forme d'autorité qui lui permet de se positionner en tant

que chef, son autorité naturelle lui donne la capacité de stimuler les autres et de faire avancer les choses. Il peut avoir besoin de convaincre, de défendre ses idéaux, mais il peut aussi se perdre dans des projets qui dépassent sa capacité d'action.

Mars en Capricorne :
Mars dans le signe sérieux du Capricorne a une action responsable, structurante et utile pour la communauté ou pour le groupe dans lequel il œuvre. Il a une grande puissance de décision, il se sent garant de son engagement professionnel, ce qui en fait un bon exécutant, un bon chef qui fait appliquer la loi, les règles, ou un bon militaire qui agit au nom de l'État. C'est un commandant hors pair.
La rigueur, la capacité de concentration, la droiture et l'ambition du Capricorne lui apportent la volonté d'agir pour sa carrière, pour s'élever socialement, gravir les échelons et prendre ses responsabilités d'individu engagé pour le monde.
Toutefois, il peut parfois ressentir de la frustration dans ses actes car le feu de ce guerrier Mars est canalisé par l'exécution stratégique et froide du Capricorne.
On peut compter sur lui, s'il s'engage à faire quelque chose, il le fait.
Grâce à la sagesse du Capricorne, il a aussi un côté yogi qui lui permet de prendre du recul et de maîtriser sa force.

Mars en Verseau :
Mars en Verseau a besoin de s'impliquer dans des actions porteuses de nouveauté. Il peut déranger dans sa manière d'agir car ses actions peuvent se porter sur des choses inattendues, inhabituelles, qui sortent de l'ordinaire, voire révolutionnaires.
Mars en Verseau a tendance à vouloir se sentir libre de ses actes. Son engagement se fait en direction du collectif, il prône la liberté, l'égalité et la fraternité. Dans ce signe d'Air électrique survolté, les actions de Mars peuvent être nerveuses, imprévisibles, relevant du lanceur d'alerte jusqu'au fanatique.

Mars en Poissons :
Le moteur de Mars en Poissons est d'agir pour sauver les autres, pour soigner et guérir. C'est un guerrier pacifiste, son action est tournée vers l'amélioration du monde.
Les grandes eaux émotionnelles des Poissons peuvent cependant troubler son jugement. Il peut se laisser guider par des émotions envahissantes et se laisser aveugler.
Mars en Poissons a besoin de se brancher à l'Univers, de se connecter avec le tout et de rester en lien avec son cœur. Il a

aussi besoin de prendre du recul sur tout ce qui le traverse pour devenir ce beau guerrier pacifiste qui défend ses convictions avec le cœur au nom de l'Amour Universel.

✶ GLOSSAIRE ✶

GLOSSAIRE

On peut comparer le thème astral à une pièce de théâtre où :
Les planètes seraient les acteurs,
Les signes seraient leurs rôles,
Les maisons seraient les lieux des intrigues de la pièce,
Les aspects, les ententes entre les acteurs.

Les Signes :
Ce sont les signes du zodiaque, ils sont au nombre de 12, commençant par le Bélier et se terminant par les Poissons. Ils correspondent aux constellations célestes et ce sont eux qui sont porteurs des énergies du thème et des éléments Feu, Terre, Air et Eau. Ils teintent les planètes de leurs énergies. Celles-ci s'expriment à la manière du signe dans lequel elles se situent.

Les Planètes :
Ce sont les astres qui se situent dans notre Univers. Nous avons deux luminaires, le Soleil et la Lune, et huit planètes : Mercure, Vénus, Mars, Jupiter, Saturne, Uranus, Neptune et Pluton. Les planètes correspondent aux aptitudes de chacun, aux fonctions qu'on utilise pour cheminer tout au long de notre vie : agir, penser, aimer, ressentir, partager, structurer, etc.

Les Maisons :
Pour pouvoir localiser exactement l'endroit où se situent les planètes, l'espace au-dessus et en dessous de l'horizon a été divisé en 12 portions appelées maisons astrologiques. Elles sont matérialisées visuellement par les chiffres qui se trouvent autour du thème astral et représentent les domaines de vie, les lieux d'expérimentation. De la maison 1 à la maison 12 nous vivons différentes expériences. Nous naissons, grandissons, découvrons, apprenons. Puis vient le moment de nous lier aux autres, sur les bancs de l'école, dans notre voisinage, avec nos collègues de travail. Nous aimons, partageons, transmettons.
Tous ces moments qui jalonnent notre vie sont représentés dans les différentes maisons astrologiques.

Les aspects :
Ce sont les traits situés à l'intérieur du thème natal. Ces traits relient les différentes planètes qui composent notre thème et indiquent les liens qui existent entre elles. Il existe des aspects harmonieux et des aspects disharmonieux. Ce sont les aspects qui donnent la dynamique au thème natal. Ils indiquent la manière dont les planètes s'entendent pour nous faire cheminer paisiblement ou avec des obstacles. Ils représentent le dialogue entre les différentes fonctions qui nous habitent (rayonner, ressentir, penser, aimer, agir, grandir, être responsable, s'intégrer, etc.).
Les aspects peuvent par exemple indiquer le fait que nos pensées seront ou non en accord avec nos actions.

Les points karmiques :
Ce sont des lieux dans le thème qui indiquent un travail sur soi à réaliser, une énergie à comprendre, à canaliser, à transcender. Les Lunes Noires sont des points fictifs calculés à partir de l'orbite de la Lune autour de la Terre et les Nœuds lunaires sont des intersections entre les différents mouvements entre la Terre, le Soleil et la Lune. Ici il n'est pas question d'expliquer comment calculer ces points mais de comprendre comment ces points peuvent influencer nos vies.

REMERCIEMENTS

Je tiens à remercier Elisabeth Sens qui m'a transmis son savoir à travers son enseignement dont notamment l'interprétation des planètes en signe.

Illustrations : Line Pauvert
Édition : Lucie VanHerpen
Mise en pages : Florine Le Richon
Préparation de copie : Tomek Gayral
Relecture : Agnès Chevallay-Durand et Daniela Barroso
Fabrication : Anne-Laure Soyez

Dépôt légal : juin 2024
ISBN : 978-2-01-932753-8
32-5240-7

Achevé d'imprimer en Italie en juin 2024

Nous utilisons des papiers composés de fibres naturelles, renouvelables, recyclables et fabriqués à partir de bois issus de forêts adoptant un système d'aménagement durable. En outre, nous travaillons avec des fournisseurs de papier qui s'inscrivent dans une démarche de certification environnementale reconnue.

PAPIER À BASE DE FIBRES CERTIFIÉES

hachette s'engage pour l'environnement en réduisant l'empreinte carbone de ses livres. Celle de cet exemplaire est de :
400 g éq. CO_2
Rendez-vous sur www.hachette-durable.fr